Herzlichen Dank an Herrn Hans Straßl vom „Deutschen Museum" in München für seine Hilfe.

Ali Mitgutsch

Rund ums Schiff

Von Kanus, Koggen und großen Kähnen

Otto Maier Verlag Ravensburg

Vielleicht hunderttausend Jahre wird es her sein, daß Menschen sich zum erstenmal aufs Wasser hinauswagten. Es war ein sehr gefahrvolles Unternehmen. Ein entwurzelter Baum oder ein Bündel trockener Zweige könnte die wagemutigen Entdecker getragen haben. Beim Verlust des Gleichgewichts im tieferen Wasser waren diese ersten Seefahrer mit Sicherheit verloren, denn die Kunst des Schwimmens, wie wir sie heute kennen, entwickelte sich erst später. Anfangs dienten die Hände und abgebrochene Zweige zur Fortbewegung auf dem Wasser.

Die Schiffahrt ist nicht die Erfindung einzelner Menschen oder Völker. An verschiedenen Orten und zu verschiedenen Zeiten wurden Boote ganz unterschiedlicher Art entwickelt. Die Verfeinerung der Werkzeuge machte immer ausgeklügeltere Konstruktionen möglich. Bei den Kulturvölkern entstand allmählich ein eigenes Schiffbau-Handwerk. Diesen Völkern gelang es, mit der Qualität ihrer Schiffe und mit dem Wissen ihrer Seeleute Wasser und Wind zu beherrschen. Handelsschiffe aller Nationen befuhren die Meere, und selbst kleinere Nationen oder gar Städte wie Venedig wurden reich und mächtig – reich durch den Handel, den sie trieben, und mächtig durch die Größe ihrer bewaffneten Flotte.

Die ständige Verbesserung der Schiffe und neue Erkenntnisse der Steuermannskunst (Navigation) ermöglichten Entdeckungsreisen und Weltumsegelungen. Ein ganz neues Kapitel in der Geschichte der Schiffahrtstechnik begann, als man die Dampfkraft nutzbar machen konnte: die Zeit der Dampfer.

In unseren Tagen werden Schiffe von Motoren oder Turbinen angetrieben. Als Treibstoff diente früher die Kohle, heute ist es vor allem das Erdöl. Morgen wird es vielleicht die Atomenergie sein, die unsere Schiffe immer schneller vorwärtsbewegt.

Urformen des Bootes

Das Baumaterial der Boote richtete sich nach dem Angebot der Natur. In baumreichen Gegenden entstanden Einbäume und Rindenkanus. Dort, wo viele Binsen wuchsen, entwickelte man Boote aus Binsenbündeln. In Landstrichen mit besonders leichten, tropischen Hölzern baute man floßähnliche Wasserfahrzeuge aus Balsaholz. In waldarmen Gebieten überzog man korbartige Bootsgerippe mit Tierhäuten. Viele dieser Bootstypen haben sich über Tausende von Jahren kaum verändert. Der Einbaum, das Binsenboot und der Kajak der Eskimos sind noch heute in Gebrauch.

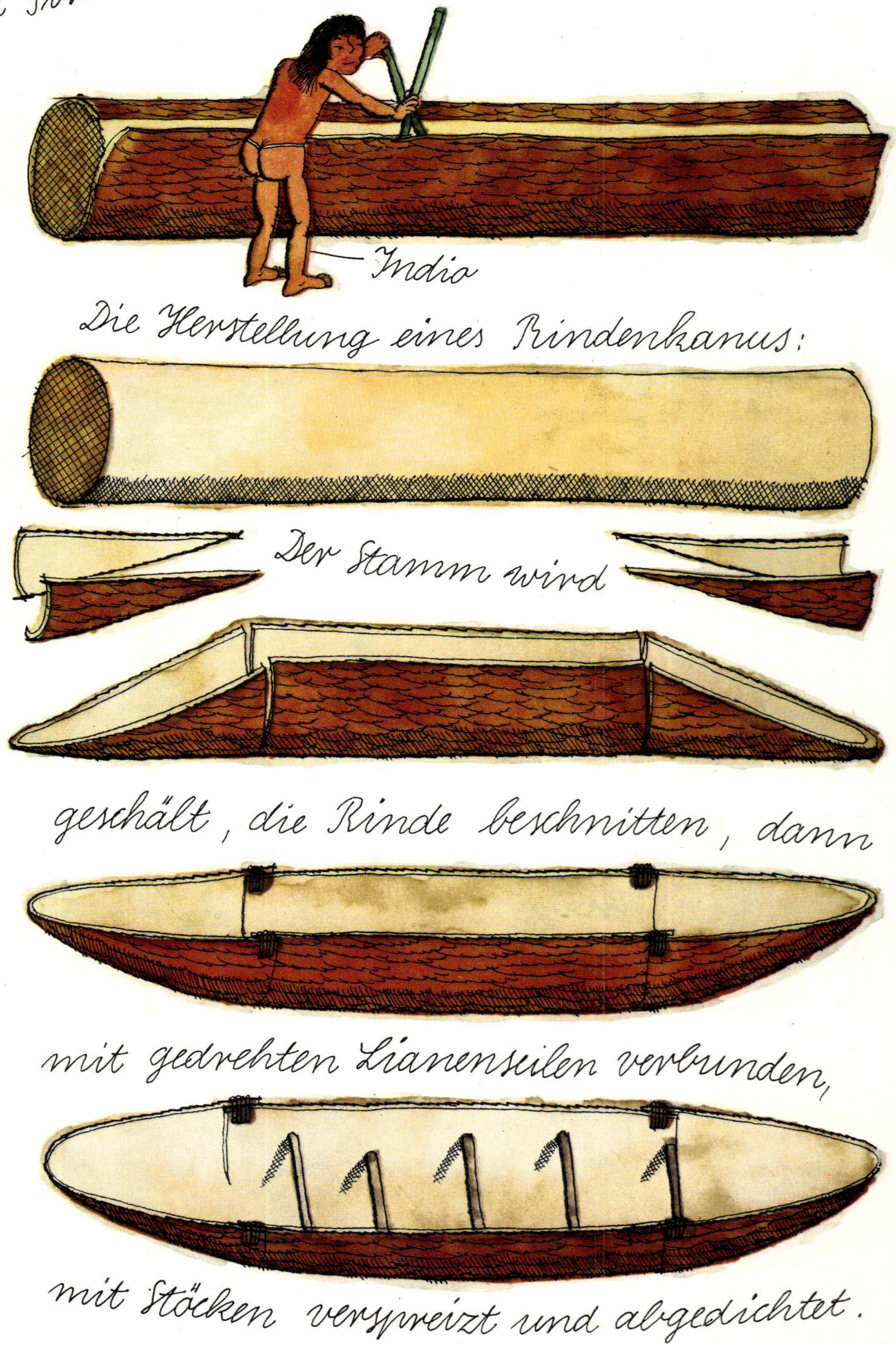

Der Einbaum ist sozusagen der Vater der heutigen Schiffe. Seitlich angebrachte Bretter (um mehr Last unterzubringen) entwickelten sich langsam zu Schiffsplanken. Diese

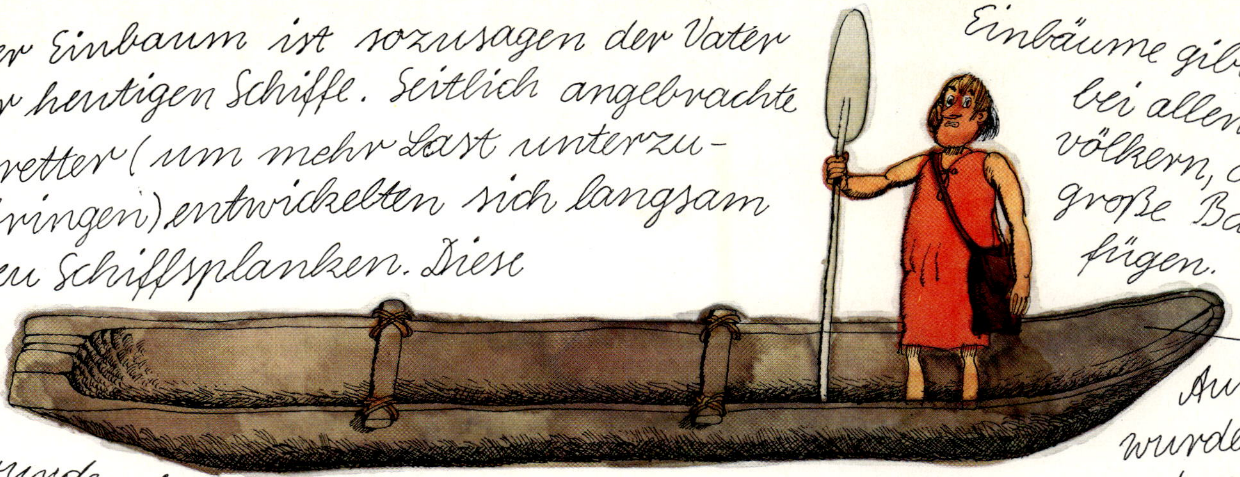

wurden immer höher und dichter verarbeitet. Der Einbaum aber wurde zum Schiffskiel (Kielschwein).

Einbäume gibt es fast bei allen Naturvölkern, die über große Bäume verfügen.

Ausgehöhlt wurde er meistens durch Ausbrennen mit heißen Steinen.

Die billigste Art von Schlauchboot ist ein alter Autoreifen.

alkoholfreies Getränk

Einmannbinsenboot

Afghanischer Bauer befördert Melonen.

Vorläufer des heutigen Schlauchbootes waren aufgeblasene Tierhäute

Die Tierform ist leicht zu erkennen.

Schwimmweste der Assyrer

Die Masten stehen vor dem Binsensegel, um dessen Stabilität zu erhöhen.

indianisches Binsenboot aus verschnürten Binsen-Bündeln (Mexiko)

Boot aus alter Zeit für den Warentransport auf Euphrat und Tigris

Durchmesser 1–10 Meter

Diese Art von Boot wird heute noch von irischen Fischern benützt.

Überzug aus geteerter Leinwand

Diese Art von Schiffen hatte wahrscheinlich keinen sehr stabilen Kiel. Sie wurden deshalb zusätzlich mit einer Trosse zusammengehalten, die den Vorder- und den Achterteil des Schiffsrumpfes umschlang.

Das geheimnisvolle griechische Feuer wurde in zerbrechlichen Tontöpfen verschossen und war nur sehr schwer oder gar nicht zu löschen.

Die griechischen Biremen um 500 v. Chr. waren ähnlich wie die Boote der Wikinger zum Segeln und Rudern mit freien Seeleuten, nicht wie bei den späteren Galeeren mit unfreien Sklaven.

römisches Kriegsschiff mit Turm als Kampfplattform, Rammsporn aus Bronze, von Sklaven gerudert, mit Rahsegel

Odysseus und Polyphem

Odysseus und Polyphem sind Gestalten aus der griechischen Sage. Auf ihren jahrelangen Irrfahrten gerieten Odysseus und seine Gefährten auch in die Gewalt des einäugigen Riesen Polyphem. Nachdem dieser einige der Gefährten verspeist hatte, konnten Odysseus und seine Freunde durch eine List entkommen: Sie machten den Riesen betrunken und blendeten ihn. Dann flohen sie, unter den Schafen Polyphems verborgen, aus der Höhle.

Bei seiner Gefangennahme hatte der listige Odysseus behauptet, er heiße Niemand. Deswegen kam dem geblendeten Polyphem keiner der anderen Riesen zur Hilfe, als er rief: „Niemand hat mich geblendet! Niemand will mich ermorden!". So gelang Odysseus und seinen Freunden die Flucht.

Schiffe auf dem Pazifischen Ozean

Die Schiffahrt im Pazifischen Ozean hat eine uralte Tradition. Der Pazifik war eine Wiege besonders begabter Seefahrer. Es gab Seenomaden: Menschen, die ihr ganzes Leben in erstaunlich zerbrechlich wirkenden Fahrzeugen auf dem Meer verbrachten. Was so zerbrechlich aussah, war aber in Wirklichkeit das Ergebnis tiefen Wissens und vollendeter Handwerkskunst.
Die pazifischen Segler fanden sich mit ihren primitiven Seekarten über Tausende von Meilen auf dem offenen Meer zurecht.

Dieses Kriegskanu der Maori wird durch Paddeln und Segeln fortbewegt.

Das Segel besteht aus einem bastartigen Mattengeflecht.

Das Hervorstechende an diesem Boot ist die überaus reiche und kunstvolle Schnitzerei.

Paddeln war bei den Kriegern nicht ganz so beliebt.

Dies ist eine Seekarte der Eingeborenen von den Marshall-Inseln. Sie fuhren damit zielsicher über Tausende von Kilometern.

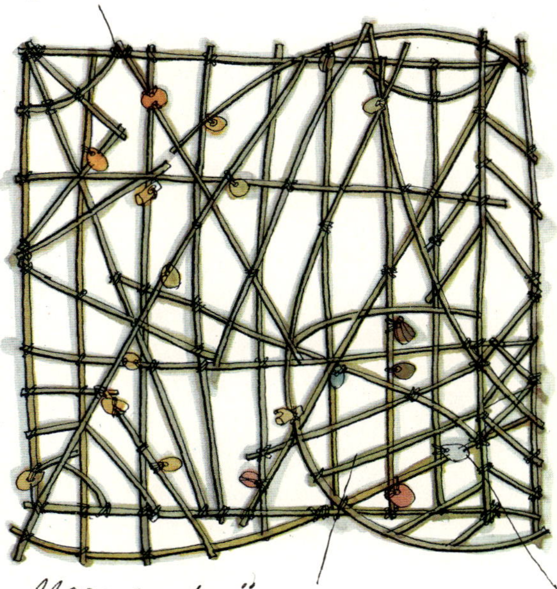

Auslegerboot von den Philippinen

Boot von den Gesellschafts-inseln

Es gibt im Südpazifik noch richtige Seenomaden.

chinesische Dschunke

Die chinesischen Dschunken haben sich seit der Zeit Marco Polos fast in nichts verändert.

Te Puke beim Fischfang

Indianer-Kanus

Die Kanus der Indianer mußten leicht sein, damit sie um Wasserfälle herum und über Land getragen werden konnten. Als Material bot sich die leichte Birkenrinde an.

Die Langboote der Wikinger

Über 200 Jahre lang waren die Wikinger mit ihren Langbooten ein Schrecken der Meere. Sie überfielen und brandschatzten die Häfen Nord- und Westeuropas. Der Schreckensruf „Die Nordmannen kommen!" ertönte bald auch im Mittelmeer und drang bis ins Schwarze Meer vor. Die Wikinger erreichten auf Flüssen auch das Innere von Ländern: Sie eroberten Paris und durchquerten auf ihren Schiffen Rußland. Die Küste Afrikas erforschten sie bis zur Mündung des Kongo. Zu jener Zeit war das Klima im Norden milder als jetzt. Darum besiedelten die Wikinger vorübergehend sogar Grönland (das bedeutet „grünes Land") und erreichten Nordamerika. Ihre offenen Schiffe boten allerdings keinen Schutz gegen Regen und Wind. Deshalb waren die kühnen Seefahrer im Alter meist stark von Rheuma geplagt.
Was waren die „Nordmannen" für Menschen? Sie waren groß von Gestalt und meist rotblond. Sie waren furchterregende Krieger und doch voller Aberglauben. Rauben, Plündern und den Gegner erschlagen waren für sie nicht unmoralisch, sondern lebensnotwendig. Wer nicht stark genug war, seine Familie und sein Eigentum zu schützen, der war nach ihrer Vorstellung nicht wert, sie zu behalten.

Hanse-Koggen

Als Ende des 12. Jahrhunderts die Überfälle der Wikinger zurückgingen, nahm der Handel überall stark zu. Zu seinem Schutz schlossen bedeutende deutsche und ausländische Handelsstädte Bündnisse, die berühmte und mächtige „Hanse" entstand. Größere Warenmengen mußten befördert werden, deswegen wurden größere Schiffe entwickelt: die dickbauchigen, geräumigen Koggen. Man steuerte sie nicht mehr mit einem Ruder von der Seite, sondern mit dem neu erfundenen Hecksteuer. Es bestand aus Bohlen, die in eisernen Angeln hingen, und war eine Neuerung, die sich im Schiffbau bis heute als beste Möglichkeit der Steuerung erhalten hat.

entdeckte mit seinen Wikingern bereits um das Jahr 1000 herum das nördliche Amerika.

Christoph Kolumbus war ein Italiener in spanischen Diensten. Als Mannschaft bekam er fast nur Sträflinge, die lieber ins Ungewisse segelten als lebenslang in einem Kerker einzusitzen.

aus „Art de naviguer"

Den Seeweg nach Indien um die Südspitze Afrikas herum fand im Jahre 1498

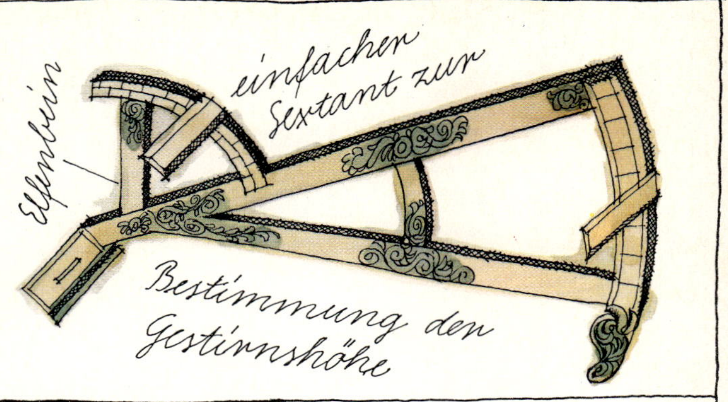

Die Zeit der Entdecker

Um die Mitte des 15. Jahrhunderts setzte sich die Erkenntnis durch, daß die Erde keine Scheibe, sondern eine Kugel ist. Man lernte, den eigenen Standort nach dem Stand der Sterne zu bestimmen. Der Gebrauch von Kompaß, Stundenglas und Log wurde allgemein eingeführt. Heinrich der Seefahrer von Portugal gründete eine Akademie für Schiffahrtskunde (Nautik).
1492 verließ Christoph Kolumbus mit drei Schiffen Spanien, um für den spanischen König einen neuen, kürzeren Seeweg nach Indien zu suchen. Für ein so unsicheres Unternehmen fand er unter den abergläubischen Seeleuten keine Besatzung für seine Schiffe. Deshalb bestand seine Mannschaft zum Teil aus Häftlingen, denen man versprochen hatte, nach Beendigung der Fahrt die Freiheit zu geben.
Kolumbus entdeckte Amerika, glaubte aber bis an sein Lebensende, Indien gefunden zu haben.
Wie Kolumbus brachen zu jener Zeit noch häufig verwegene Männer und Abenteurer zu Erkundungsfahrten für ihre Herrscher auf.
Neue Seewege und ganze Erdteile wurden entdeckt, und bald waren von den Eisbergen der Polargegend bis in die Gewässer der Tropen Forscherschiffe unterwegs.
Den Entdeckern folgten die Eroberer, die ganze Völker unterwarfen und teilweise vernichteten. Ihre Schiffe brachten großes Leid in die Welt.

1519 trat Ferdinand Magellan die erste Weltumsegelung an.

Magellan, ein portugiesischer Abenteurer in spanischen Diensten, wurde zwar auf den Philippinen von Eingeborenen umgebracht, aber sein erster Offizier beendete die Fahrt.

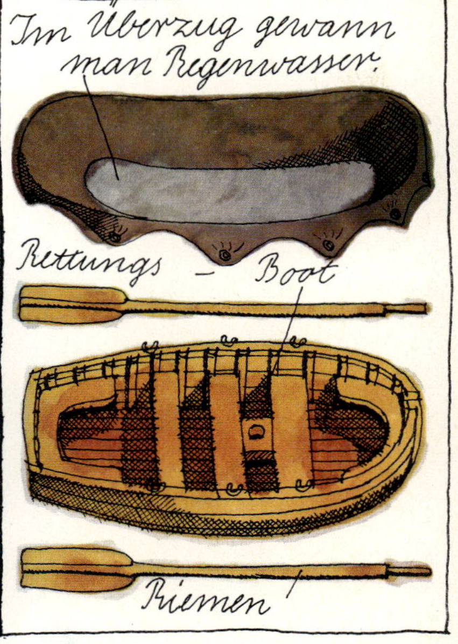

Die Arche Noah

Als Gott sah, daß die Menschen nicht mehr gut waren und seine Gebote nicht mehr befolgten, war er sehr erzürnt und beschloß, seine Schöpfung zu vernichten.
Da sah er Noah, der ein fleißiger und gerechter Mann war.
Und er sprach zu Noah:
„Bau dir eine Arche und gehe hinein. Deine ganze Familie nimm mit. Auch von allen Tieren nimm ein Pärchen, Männlein und Weiblein, damit auf Erden sich Leben erhalte. Ich will regnen lassen 40 Tage und 40 Nächte auf der Erde, und alles andere Leben soll zugrunde gehen."
Und es geschah, wie der Herr gesagt hatte. Nur Noah überlebte mit den Seinen und mit den Tieren, die bei ihm in der Arche waren.

Seeungeheuer

Die Seefahrt war zu allen Zeiten mit unbekannten Gefahren verbunden. Schreckliche Unwetter und unerklärliche Naturerscheinungen erregten Furcht. Diese Ängste formten sich in der menschlichen Fantasie zu Seeungeheuern und Geistererscheinungen. Die Erzählungen aller seefahrenden Völker sind voll von Aberglauben und Gespensterfurcht. Wer zum Beispiel auf einem Schiff pfiff, konnte schwer bestraft werden, denn Pfeifen verhöhnte die Geister der Stürme. Die bekannteste dieser Sagen erzählt von einem friedlos umherirrenden Geisterschiff, dessen Erscheinen einem das nahe Ende ankündigte.

Ausschnitt aus der Ahnengalerie der Freibeuter und Piraten durch

Enterspieße dienten zum Heranziehen der feindlichen Schiffe.

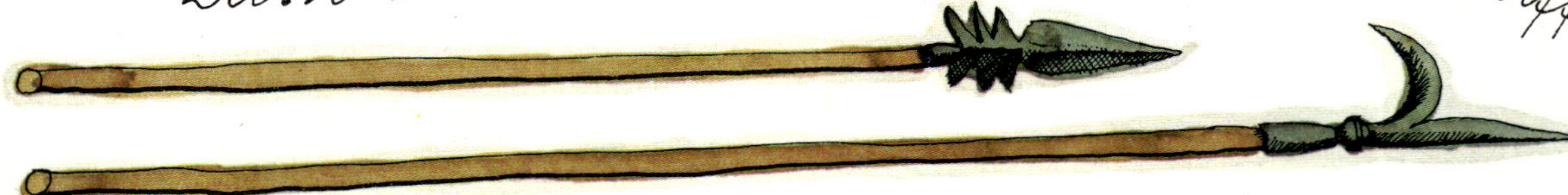

Seeräuberflagge

Widerhaken

Enterseil

Enterhaken

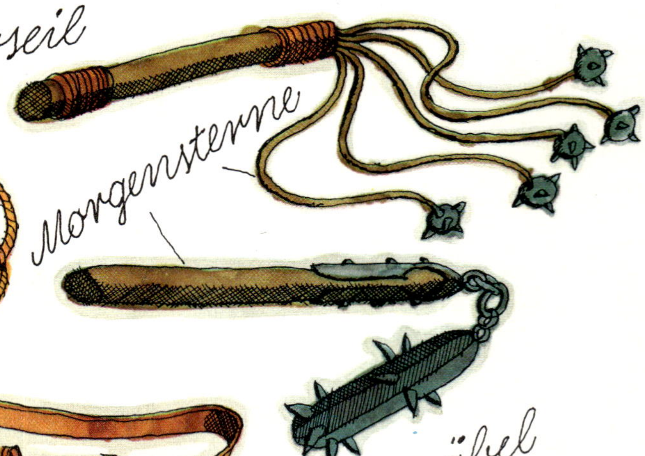

Morgensterne

Piratensäbel

Jeder Pirat hatte seine

Schatz- und Beutekiste.

Schatzkarte

Pistole

Kugelbeutel

die Jahrhunderte

Seeräuber

Seit es Schiffe gibt, die reiche Ladung und Schätze befördern, gibt es Räuber, die ihnen auflauern. Die Geschichte der Seeräuberei ist so alt wie die Geschichte der Seefahrt. Piraten überfielen, wenn sie sich stark genug fühlten, auch Häfen und Städte. Sie raubten, brandschatzten und verschwanden genauso schnell, wie sie gekommen waren. Lagen Länder miteinander im Krieg, dann gab man den Seeräubern sogenannte Freibriefe. Dafür mußten die Seeräuber schwören, nur feindliche Schiffe zu kapern.
Ein Freibrief besagte, daß diese Räuber keine geächteten Piraten waren, sondern freie, geachtete Bürger des betreffenden Landes. Auf diese Weise konnte so mancher grausame Freibeuter einen geruhsamen Lebensabend verleben.
Auf dem Stillen Ozean lebten zeitweise bis zu hunderttausend Menschen von der Seeräuberei. „Piratenküste" nennt man noch heute einen Landstrich im Norden der arabischen Halbinsel.
Die Überlieferung berichtet von der Hinrichtung des deutschen Seeräubers Klaus Störtebeker. Sein letzter Wunsch galt seinen Spießgesellen: Diejenigen von ihnen, an denen er nach seiner Enthauptung noch vorbeilaufen würde, sollten freigelassen werden.
Angeblich soll Störtebeker erst hinter dem vierzehnten und letzten Gefährten zusammengebrochen sein.

Geschütz mit Zubehör um das Jahr 1690

Seeschlacht um die
Mitte des siebzehnten
Jahrhunderts

Die Leiden der Seefahrer

Die griechischen wie auch die frühen römischen Galeeren wurden von freien Männern gerudert. Erst später kam man darauf, daraus eine Zwangsarbeit für Gefangene und Verurteilte zu machen. Sie erhielten keinen Sold, und man konnte ihre Leistung mit Peitschenhieben steigern. Der Typ der französischen und venezianischen Galeeren zählt zu den schönsten Schiffsarten, die je gebaut wurden. Verborgen blieb dem Betrachter meist das schlimme Leben im Inneren dieser herrlichen Schiffe. Bei starkem Seegang saßen die Ruderer oft bis zum Bauch im Wasser. Da sie angekettet waren, konnten sie ihre Notdurft nur am Platz verrichten. Der Gestank, der über allem lag, war beträchtlich. Stand ein Krieg bevor, dann wurden oft kleinste Vergehen mit Galeerendienst bestraft: Im Jahre 1692 wurde ein Franzose wegen zwei gestohlener Semmeln zu zehn Jahren Galeere verurteilt.

Ab 1720 wurden allmählich keine Galeeren mehr gebaut, allerdings nicht aus Menschlichkeit, sondern weil nicht genug Kanonen darauf Platz fanden.

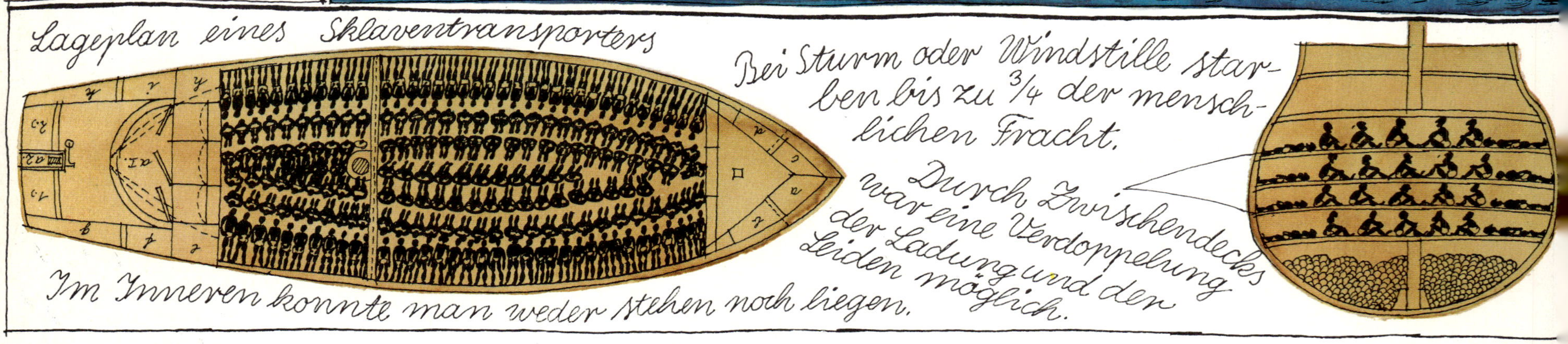

französische Galeere nach einer zeitgenössischen Darstellung gezeichnet
Rammsporn
Nilpferdpeitsche
An Aufsehern und Aufpassern herrschte zu keiner Zeit Mangel.
im Bild ein werdender Oberaufseher
sogenannte Monkeys
Auf englischen Kriegsschiffen des 19. Jahrhunderts verwendete man in den engen Kohlenbunkern unter Deck Kinder wegen ihrer günstigen Größe.
wohlhabender Schiffseigner
Getreide und Wein
Im alten Rußland verwendete man keine teuren Pferde zum Treideln (stromaufwärts ziehen) von Lastkähnen, sondern preiswertere Strafgefangene.
—Wolga

Leuchtfeuer

Diese Art wurde oft von Piraten versetzt, um später die auf Untiefen gestrandeten Schiffe auszurauben.

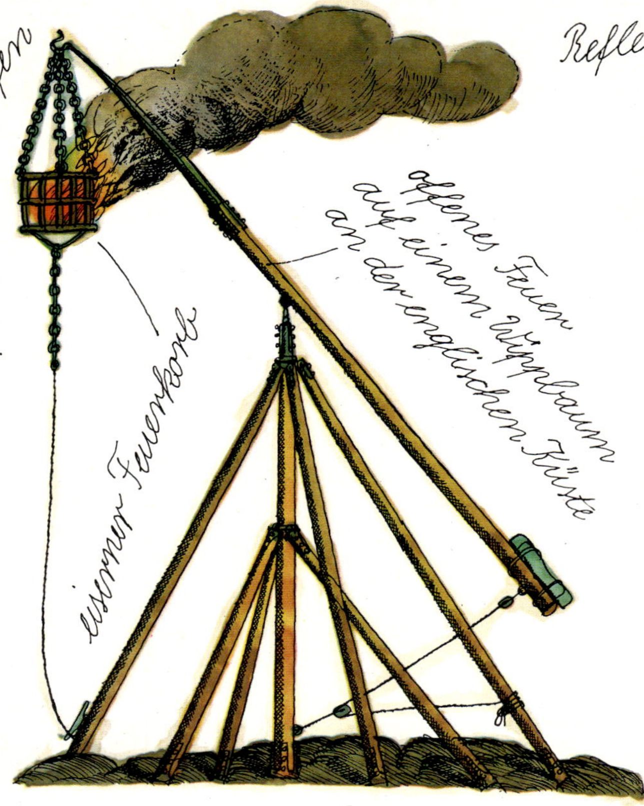

Seit uralter Zeit gibt es Leuchtfeuer, um den Schiffen in der Nacht den richtigen Weg zu weisen oder sie vor Klippen und Untiefen zu warnen.

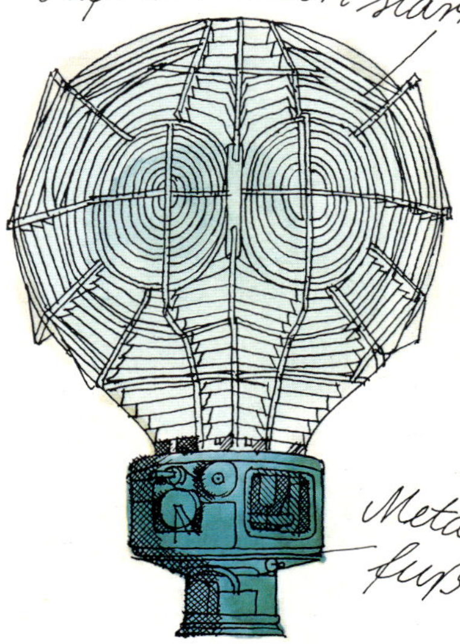

Auf diese Weise wurden manche Hafeneinfahrten in der Nacht wirkungsvoll gesichert.

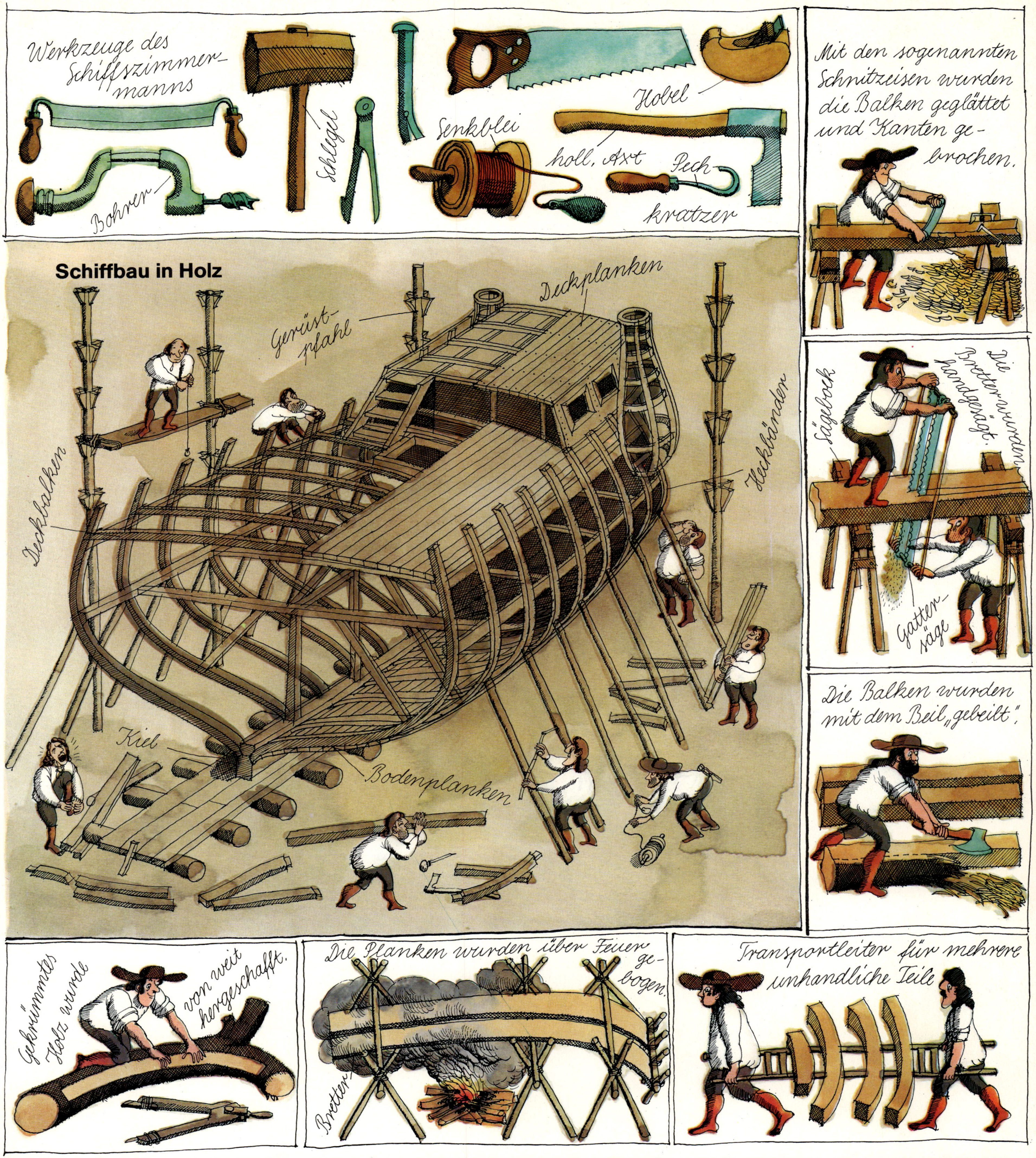

Werkzeuge des Schiffszimmermanns
Schlegel
Senkblei
Hobel
holl. Axt
Pechkratzer
Bohrer
Mit den sogenannten Schnitzeisen wurden die Balken geglättet und Kanten gebrochen.
Schiffbau in Holz
Deckplanken
Gerüstpfahl
Deckbalken
Heckbänder
Kiel
Bodenplanken
Die Bretter wurden handgesägt.
Sägebock
Gattersäge
Die Balken wurden mit dem Beil „gebeilt".
Gekrümmtes Holz wurde von weit hergeschafft.
Die Planken wurden über Feuer gebogen.
Bretter
Transportleiter für mehrere unhandliche Teile

Seeleute

Das Leben der Seeleute auf einem Segelschiff war hart und gefährlich. Nach einer Flaute (Windstille) oder nach Stürmen waren die Lebensmittel oftmals verdorben oder kaum noch genießbar. Bei Regen und Sturm die oberen Segel zu reffen (einzurollen), gelang nur unter Gefahr. So ein Leben überstanden nur besonders kräftige Gesellen. Deshalb war der Umgang an Bord meist ruppig, und die Strafen für Ungehorsam waren hart.
Unter diesen Umständen herrschte ständig Mangel an Seeleuten. Die fehlende Mannschaft holte man sich kurzerhand aus den Kneipen; das nannte man „schanghaien": Man schenkte jungen Männern so lange ein, bis sie betrunken waren, dann zeichnete man mit ihrer Hand drei Kreuze unter einen Vertrag. Erwachten die Opfer aus ihrem Rausch, waren sie längst

Die Sanduhr läuft 28 Sekunden. So viele Knoten abgespult sind, soviel Knoten läuft das Schiff.

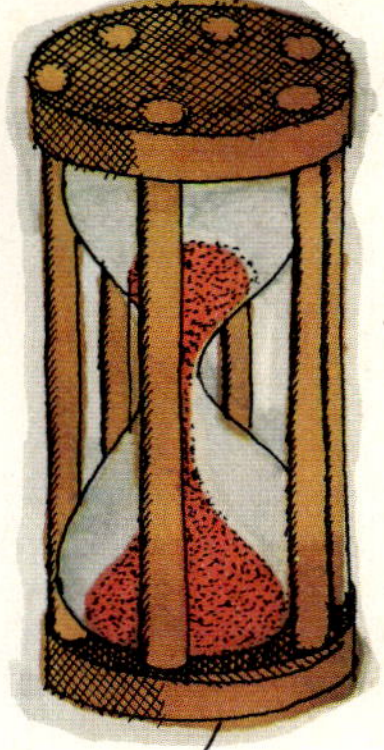

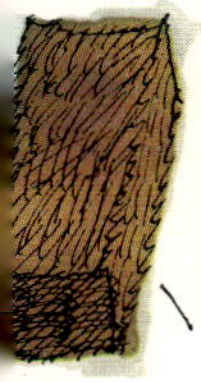

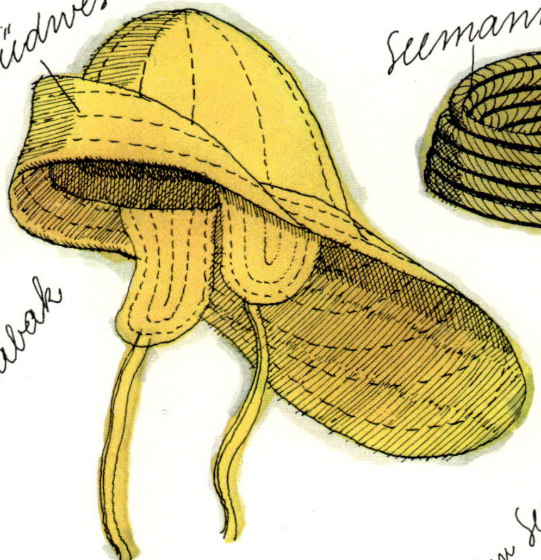

Alte Taue wurden aufgesplissen und daraus neue gedreht. Dabei wurden mit viel Phantasie Geschichten erzählt (das sogenannte Seemannsgarn gesponnen).

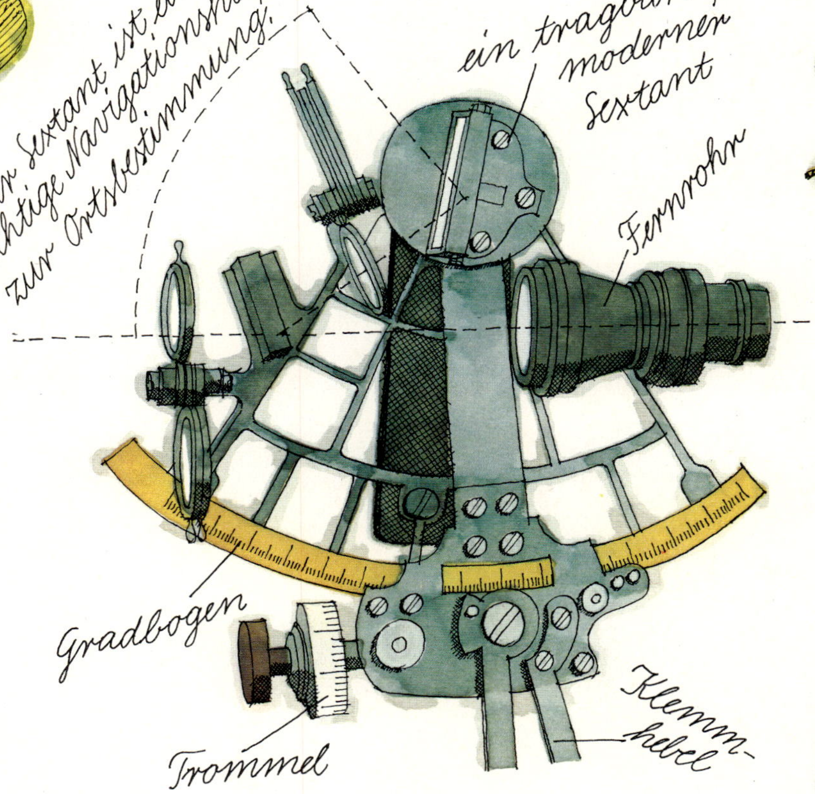

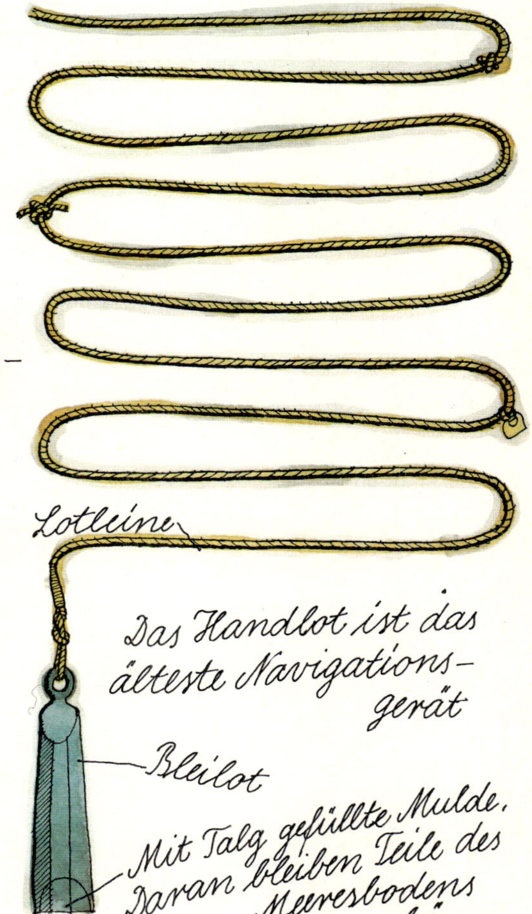

Die Verpflegung auf See bestand meist nur aus Schiffszwieback (zweimal gebackenes Brot), Pökelfleisch, Sauerkraut und oft brackigem Wasser. Daher war besonders bei langen Flauten der Skorbut sehr häufig.

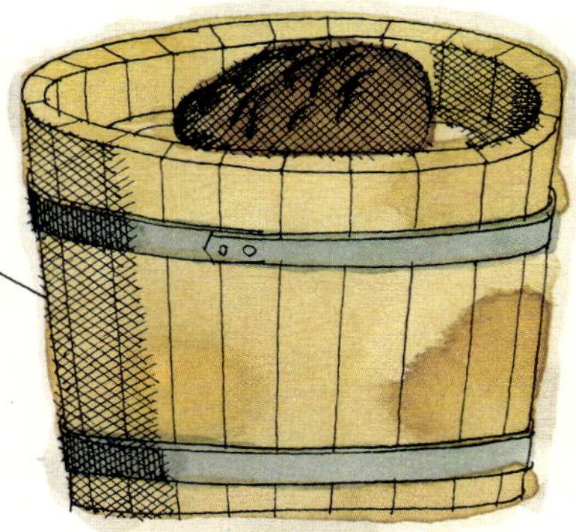

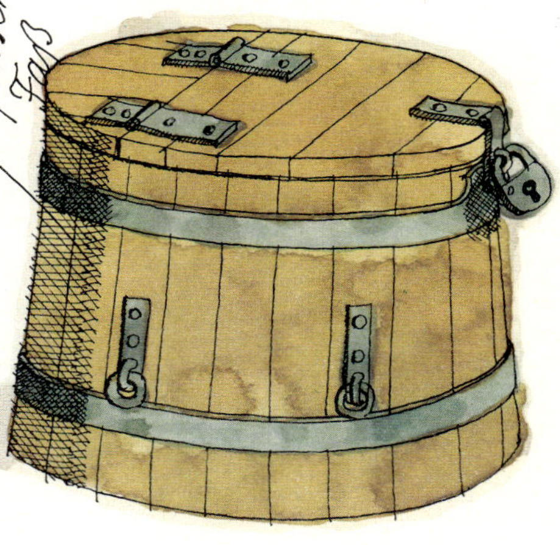

auf hoher See. Durch Auspeitschen, „Kielholen" und Einsperren zwang sie der Kapitän rasch zum Gehorsam.

Doch gerade das rauhe und wilde Leben auf dem Meer und in den Häfen war für viele auch verlockend. Mancher versuchte später, von dem gefährlichen Dasein auf See wieder loszukommen. Doch gelang es den meisten nicht mehr, sich an ein normales Leben an Land zu gewöhnen.

War ein Seemann gestorben, so nähte man ihn in Segeltuch ein und versenkte ihn ins Meer.

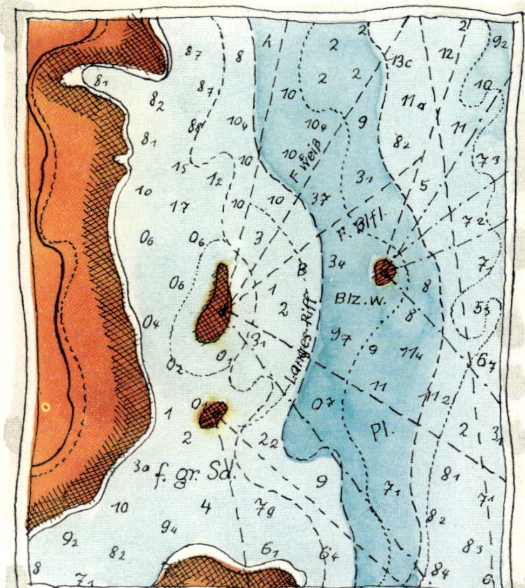

18 normale Zahnbehandlung
19 unbeliebtes Kartoffelschälen
20 Kombüse (Küche)
21 Bordschwein
22 Pökelfleischfaß
23 Zitronen gegen Skorbut
24 Mehl
25 Ballaststeine
26 Ankerseil

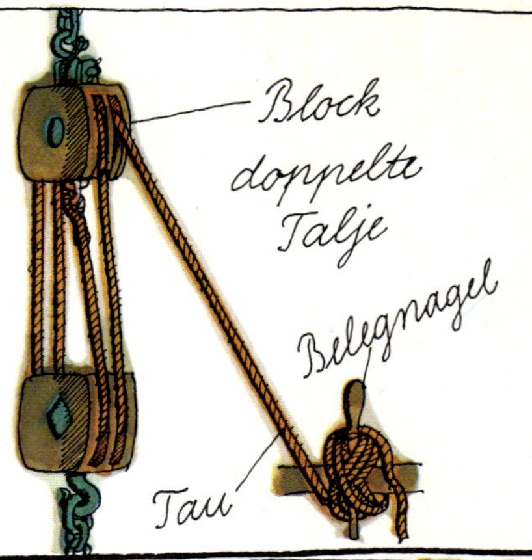

1 Hecklaterne
2 erregbarer Kapitän
3 skeptischer 2. Offizier
4 Waffenkammer
5 schlafender Posten
6 Verlierer
7 Kolderstock
8 Kanonenputzer
9 Kanonenkugeln
10 Kanonen
11 versoffener Kanonier
12 Hängematten
13 Wasserpumpe
14 Trinkwasser
15 spanischer Wein
16 Sträfling
17 unvorsichtiger Schiffsjunge

System eines Segels

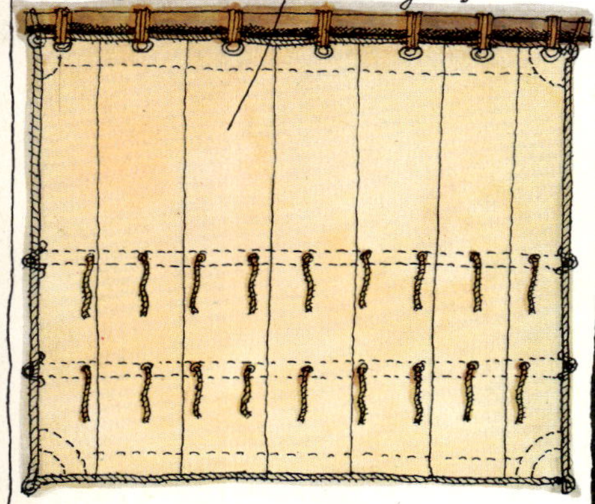

27 Bord-Bader (Friseur)
28 Segelmacher
29 Galionsfigur
30 lederner Wassereimer

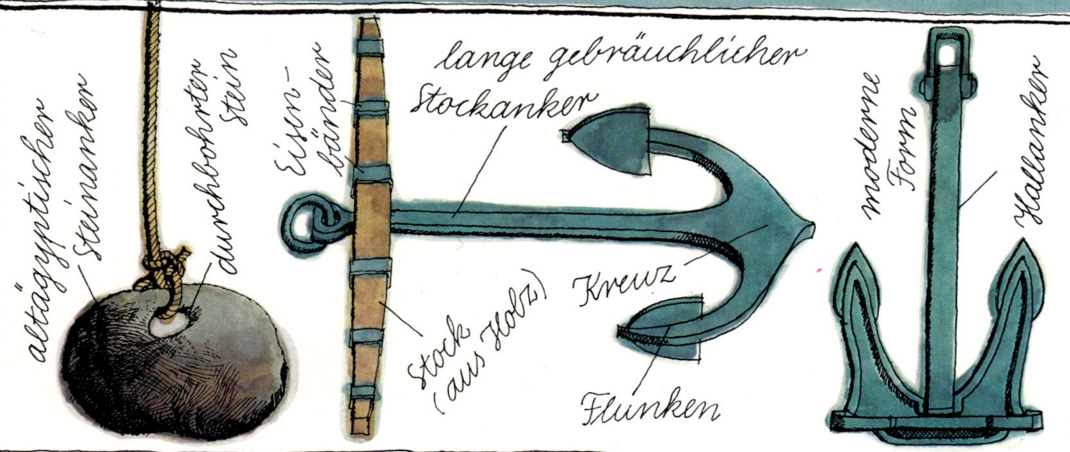

Ein Segelschiff von innen

Dieser Querschnitt zeigt das Leben auf einem Segelschiff. Noch zu Kolumbus' Zeiten gab es keine eigenen Schlafplätze. Die Seeleute verkrochen sich zum Schlafen einfach in irgendeinen Winkel. Die Hängematte übernahm man erst von den Indianern.

Ein großes Problem war die Lagerung von Lebensmitteln. Rauchfleisch und Schiffszwieback wurden in der feuchten Luft leicht schlecht, das Trinkwasser schmeckte bald faulig. Bei einer längeren Flaute litt die Mannschaft meist am gefürchteten Skorbut, einem Mangel an Vitamin C.

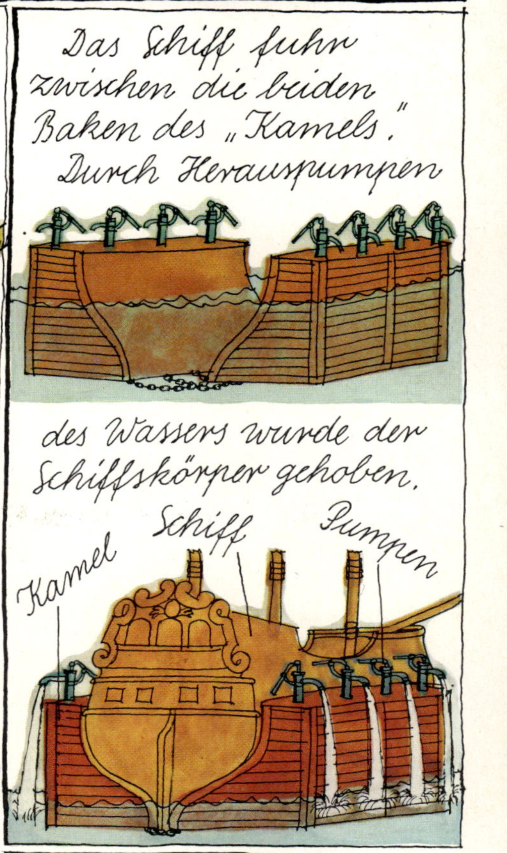

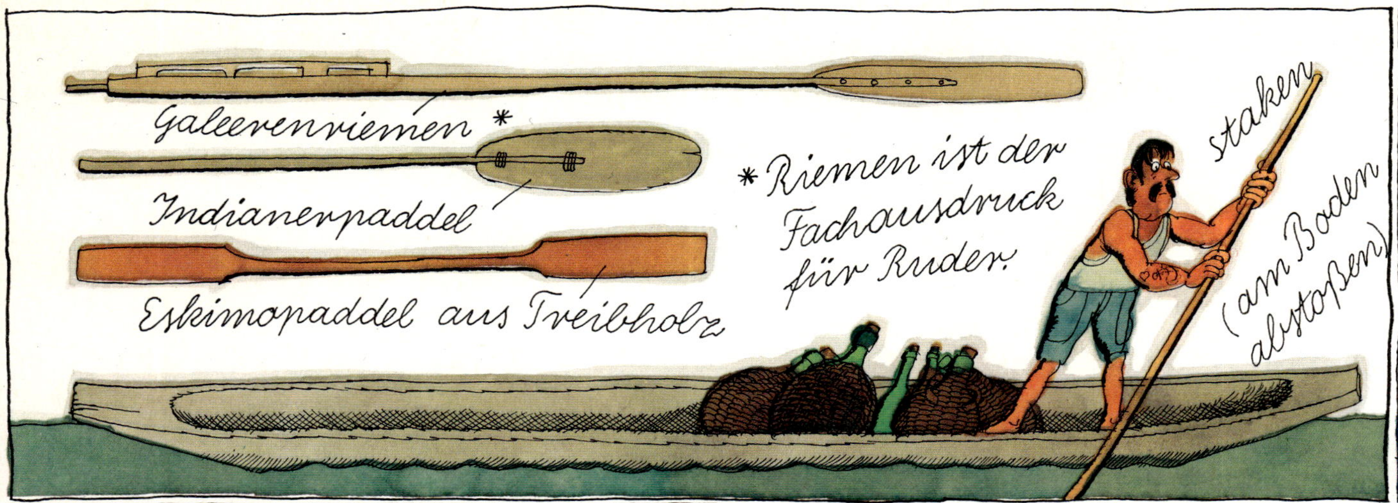

Galeerenriemen *
Indianerpaddel
Eskimopaddel aus Treibholz
* Riemen ist der Fachausdruck für Ruder.
staken
(am Boden abstoßen)

der Langlaufwasserski, vom Erfinder vorgeführt
Skistock

Schaufelrad
Holz
Die Räder waren meist rechts und links des Schiffsrumpfes angebracht
Propeller
in Flossenform
Schraubenpropeller

Fahrzeug für sumpfige Gebiete mit Luft Propeller
Farmer aus Florida

Schon bei den alten Römern gab es von Ochsenkraft betriebene, hölzerne Radschiffe.
Ochsen
Drehbaum
Steuerruder

mit Doppelschraube getriebenes Wasserfahrrad mit Beleuchtung
Notsegel
Lampe
nur für wärmere Gewässer geeignet

„Clermont" gebaut 1807
das erste bewährte Dampfschiff
von Robert Fulton
hoher Kamin

Die großen Schiffsschrauben sind bis zu
9 Meter hoch.
Sie bestehen aus Bronze.

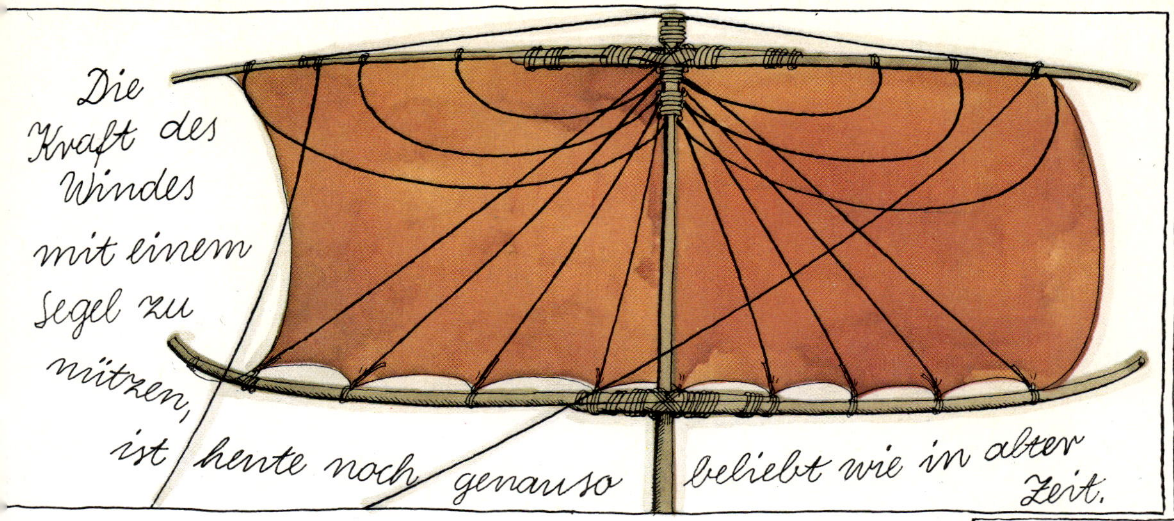

Verschiedene Antriebsarten

Seit dem ersten Paddelschlag mit der flachen Hand bestand das Problem der Fortbewegung im Wasser. Man erfand Ruder, Paddel und das Staken; das alles erforderte Bewegung durch Muskelkraft. Dann entdeckte der Mensch die Schubkraft des Windes. Mit Segeln aus Bastmatten, Rohrgeflecht und Leinwand fing er den Wind ein und ließ ihn für sich arbeiten. Unbefriedigend blieb nur, daß er von der Richtung und der Stärke des Windes abhängig war. Zur besseren Ausnutzung des Windes wurden immer raffiniertere Segel erdacht. Bald konnte man in jede Richtung segeln, gegen den Wind allerdings nur im Zickzackkurs.

Erst die Dampfmaschine half, diese jahrtausendealte Abhängigkeit der Schiffahrt vom Wind zu beseitigen: Dampfschiffe (Dampfer) konnten zu jeder Zeit in jede Richtung fahren. Viele komische und geniale Arten der Kraftübertragung wurden erfunden und durch die weitere Entwicklung wieder überholt. Die Antriebsarten, die wir heute verwenden, stehen in dieser Entwicklung und werden vielleicht schon morgen veraltet sein.

Tauchen

Versunkene Schätze vom Meeresgrund zu heben, beschäftigte zu allen Zeiten die Fantasie der Menschen. Sie hofften, in den vollen, dunklen Gründen schnell reich zu werden. Die größten Probleme waren dabei der mit zunehmender Tiefe steigende Wasserdruck und die notwendige Luftzufuhr. Bis ins 18. Jahrhundert hinein gab es kaum Möglichkeiten, diese Probleme zu lösen. Pläne und Lösungsversuche dieser Zeit hatten

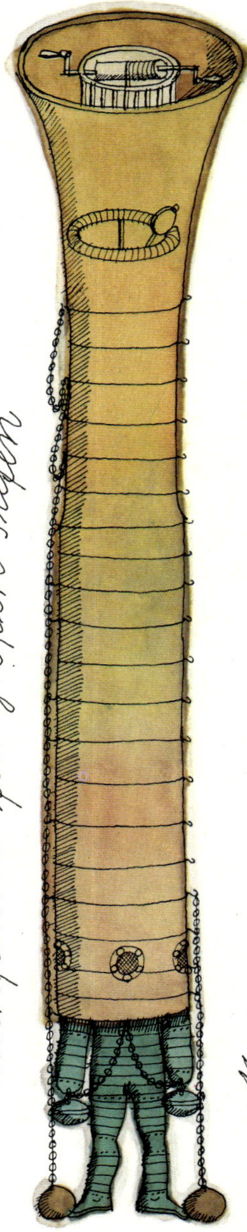

meist den Tod des Tauchers zur Folge. Erst Taucherglocken, Taucherhelme, Luftpumpen und Luftschläuche brachten eine Wende. Mit stählernen Taucherkugeln dringen heute Forscher bis in die Tiefsee vor. Sie finden wahrscheinlich keine Schätze, aber sie bringen Licht in die Geheimnisse der Tiefe. Das Tauchen ins Unbekannte ist bis heute reizvoll, aber auch sehr gefährlich geblieben.

U-Boote

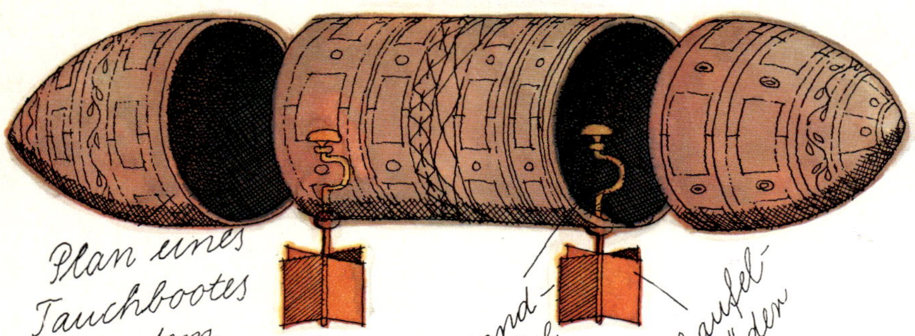

Plan eines Tauchbootes aus dem Jahre 1472

Während des nordamerikanischen Unabhängigkeitskrieges griff die „Turtle" englische Kriegsschiffe an. Da diese aber mit Kupfer beschlagen waren, konnte man sie nicht anbohren, um die Sprengladung zu befestigen.

Bei einem Versuch im Kieler Hafen drang Wasser ein. Das Boot sank, die drei Insassen konnten sich retten.

das U-Boot „Brandtaucher" des deutschen Erfinders Wilhelm Bauer (1850)

Plan eines Tauchbootes von W. Bauer

Der Amerikaner John P. Holland baute dieses Unterseeboot im Jahre 1878.

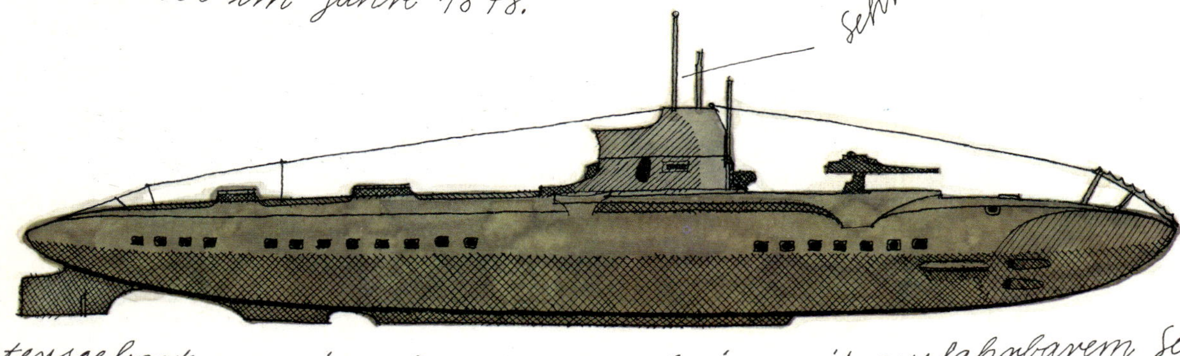

Unterseeboot aus dem Zweiten Weltkrieg mit ausfahrbarem Sehrohr

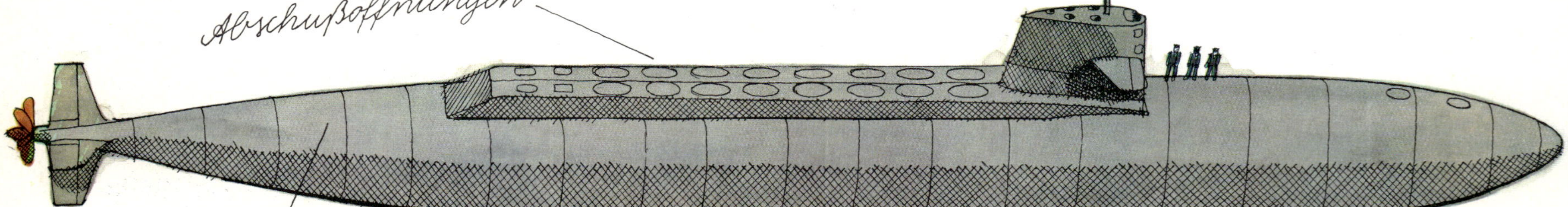

Die „George Washington" kann in völlig getauchtem Zustand Polaris-Raketen abfeuern.

Flußschiffahrt

Die Flußschiffahrt war immer der kleinere Bruder der Seefahrt. Der Flußschiffer hatte zwar nicht mit Orkanen und Flauten zu kämpfen, dafür wurden ihm oft Untiefen, Felsen oder Strudel zum Verhängnis. Die Fahrt stromabwärts war in der Regel ein Vergnügen, wenn nicht gerade Hochwasser herrschte. Flußaufwärts zu fahren, war meist eine arge Plagerei, die viel Schweiß kostete. Und da man mit flachen Flußbooten schlecht segeln kann, ist es kein Wunder, daß der Raddampfer zuerst Flüsse und Seen eroberte. Er war bald auf allen großen Flüssen und Strömen ein gewohnter Anblick.

Die berühmtesten Flußdampfer wurden in Amerika gebaut und verkehrten auf dem Mississippi und Missouri. Auf dem offenen Meer brauchten die Dampfer viel länger, bis sie sich gegen die seetüchtigen Segelschiffe durchgesetzt hatten.

Treidelzug aus Süddeutschland um das Jahr 1778
Boote gegen den Strom flußaufwärts ziehen (mit Menschen- oder Pferdekraft), nennt man treideln.
Dieses Boot mußte den Zug in der Flußmitte halten.
Erste Form des Flußschleppers. Diese Schlepper zogen sich mit Hilfe einer Dampfmaschine an einer Kette stromaufwärts.
In der Mitte der Elbe lag eine solche Kette mit fast 800 km Länge.
Die Zugmaschinen machten einen ohrenbetäubenden Lärm.
Untiefen, Hochwasser und Strudel machten das Flößen zu einer gefährlichen Arbe für harte Männer
Wilddieb
Flinten
Beute
Organisierte Banden von Wilddieben brachten oft in halsbrecherischen nächtlichen Fahrten ihre Beute in die Stadt München, wo sie an berüchtigte Gasthäuser verkauft wurde.
einfaches Steuerruder
Die Flößerei diente ursprünglich dem Transport von Baumstämmen aus dem waldreichen Gebirge in die Städte. Später wurden Flöße zusätzlich als Transportmittel benützt.
trockenes Oberdeck
Die berühmten Tölzer Bauernschränke wurden auf Flößen bis nach Ungarn exportiert.

Als Regenschutz verwendeten die Treidler einen leichten Aufbau aus Segeltuch und Brettern.
von einem Pferd getretener Anfänger
Diese Treidelzüge erreichten oft eine sehr respektable Länge. 34 und mehr Pferde zogen fünf große, randvoll beladene Boote, viele Züge führten sogar ein eigenes Küchenschiff mit sich.
Zugführer
Wappen des Besitzers
Steuerruder
Treidler waren oft wochenlang unterwegs.
Das Überholen oder Anlegen war sehr kompliziert, es mußten Kettenschlösser geöffnet und dann wieder mühsam geschlossen werden.
Schiffsjunge
Eine Zugmaschine zog mehrere Lastkähne.
Die sogenannten „Ulmer Schachteln" waren im offiziellen Linienverkehr eingesetzte Einwegschiffe. Das heißt, sie wurden am Zielort zerlegt, die Bretter verkauft, die Beschläge aber in einer Kiste zurückgeschickt.
Durch jeweils 2 Ruder an Bug und Heck waren sie sehr beweglich. Bei den vielfältigen Gefahren war das von großem Nutzen.
Starke Schichten aus Holz trugen das nicht sehr dichte Schiff.
reisender Professor
Die „Ulmer Schachteln" verkehrten auf der Donau von Ulm bis Wien.

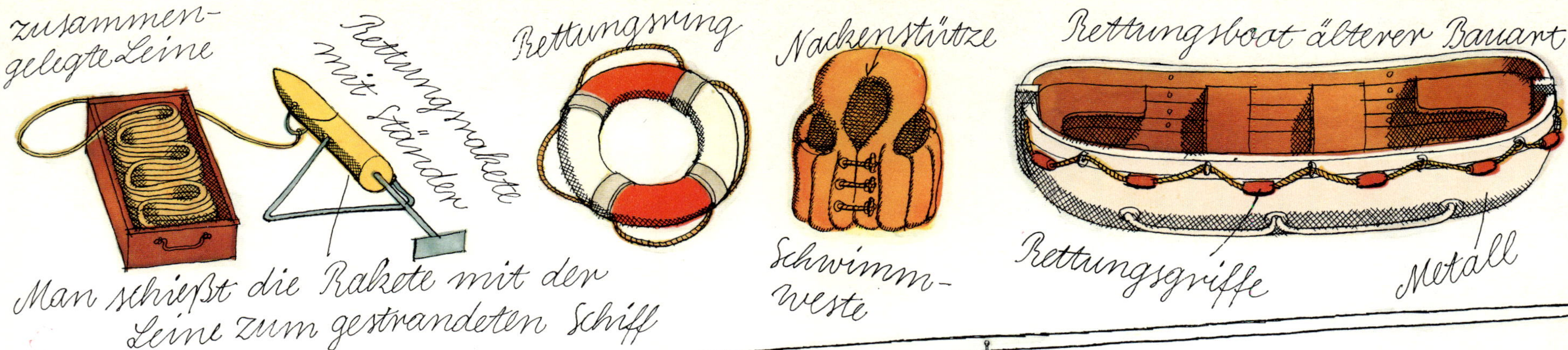

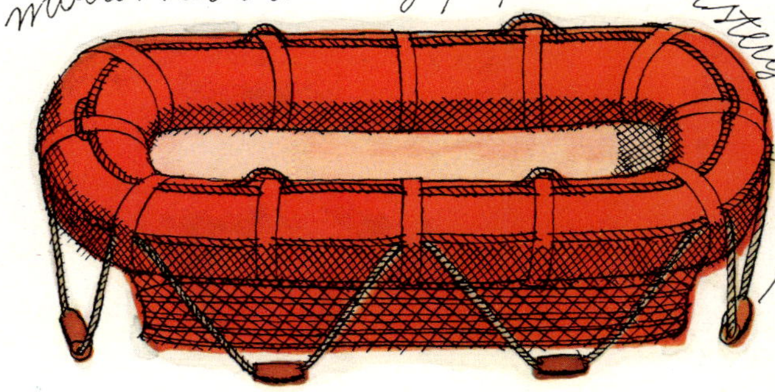

Seenot

Für Millionen von Seeleuten wurde das Meer auch zum Grab. Seegefechte, Klippen, Eisberge, besonders aber Stürme brachten immer wieder Menschen in Seenot – früher wie heute. Früher lernten Matrosen absichtlich nicht schwimmen, um bei einem Sturz über Bord ihren Todeskampf nicht noch zu verlängern. Heute sind die Auswirkungen von Schiffskatastrophen durch moderne Rettungsmethoden und Hilfsmittel weniger schlimm. Dennoch wird es solche Katastrophen immer wieder geben.

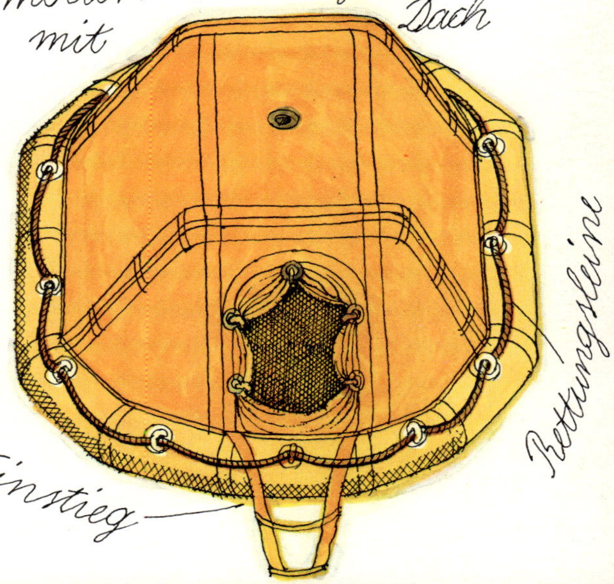

Fischfang

Auf den fischreichen Gewässern unserer Erde wurden die verschiedensten Arten des Fischfangs entwickelt. Die Kwakiutl-Indianer im Westen von Kanada fuhren mit ihren Kanus sogar zum Walfang. Sie verwendeten hölzerne Harpunen, die sie dem Wal in den Leib stoßen mußten, denn zum Werfen waren sie zu schwer. Diese Waghalsigkeit kann nur der richtig einschätzen, der den Todeskampf eines Wals gesehen hat.

Jahrtausendelang galt der Fischreichtum für den

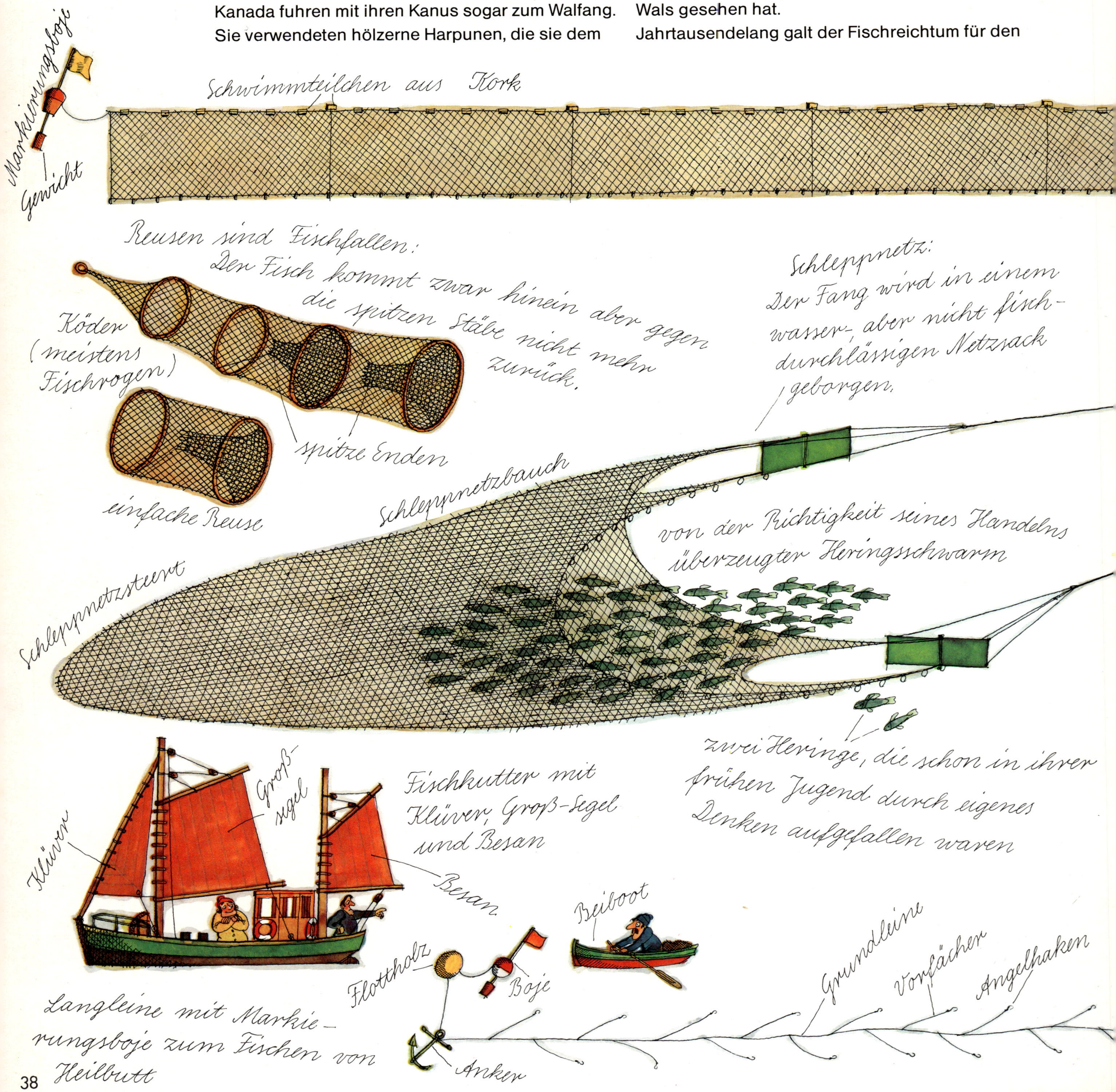

Menschen als unerschöpflich. Aber die schwimmenden Fischfabriken unserer Zeit können mehr Fische fangen als nachwachsen. Der Bedarf an Fisch wird ständig gesteigert, und die großen Fischschwärme werden immer weniger.

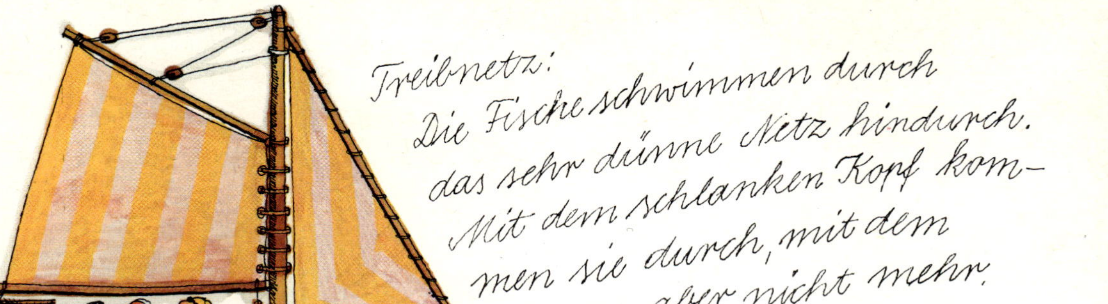

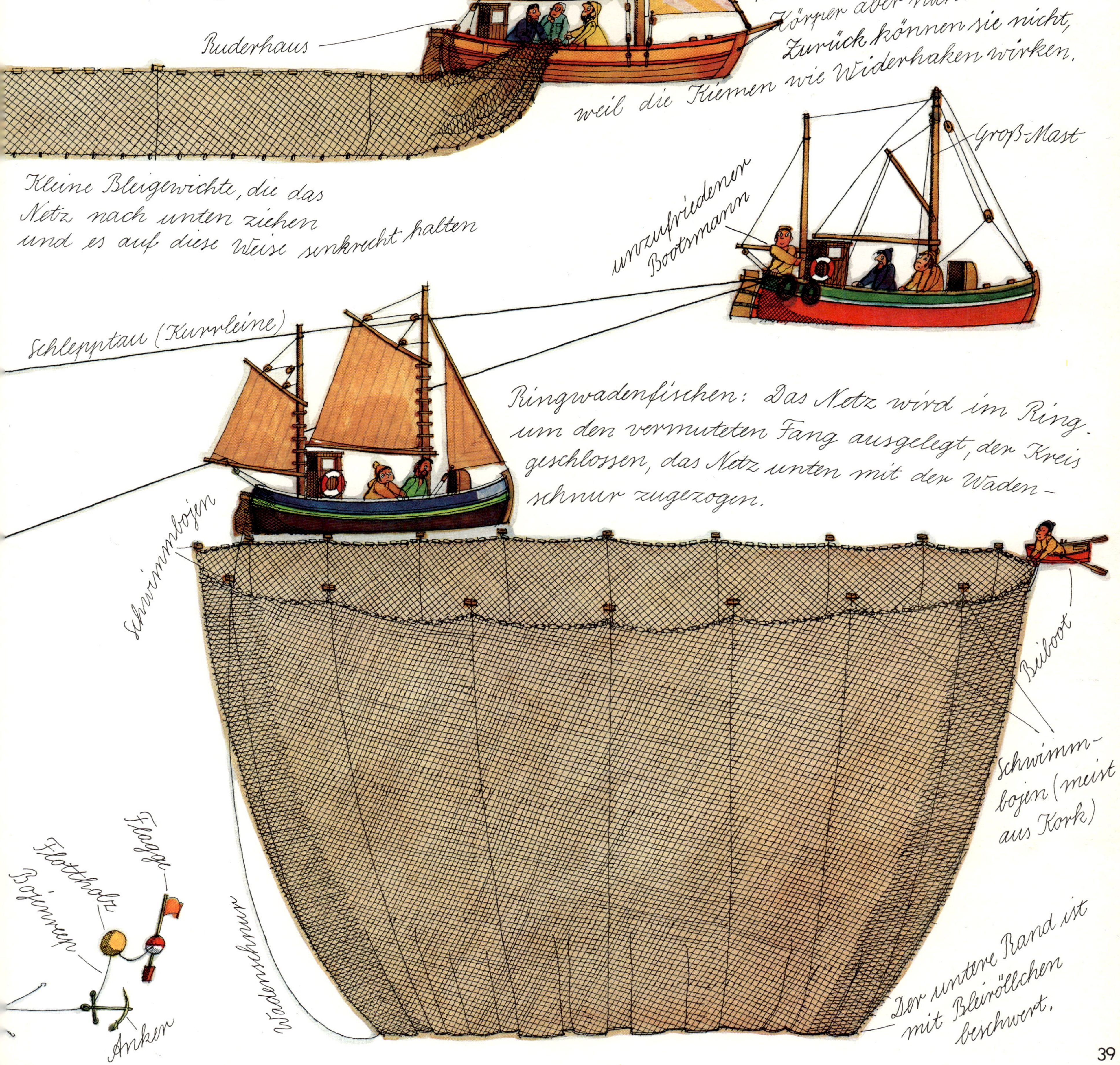

Walfang

Der Walfang war früher eine Arbeit, die nur besonders zähe und mutige Männer tun konnten. Der Wal mußte von zerbrechlichen Ruderbooten aus mit der Hand harpuniert werden. (Harpunen sind Speere mit Widerhaken und einer Seilverbindung zum Fangboot.) Der getroffene Wal versuchte zu fliehen. Bis er endgültig erlegt war, tobte ein langer, gefährlicher Kampf. Manches schwer verletzte Tier zertrümmerte das Boot und nahm die Fänger mit in den Tod.

Durch das sinnlose Ausrotten mit modernsten Fangschiffen ist der Wal heute vom Aussterben bedroht.

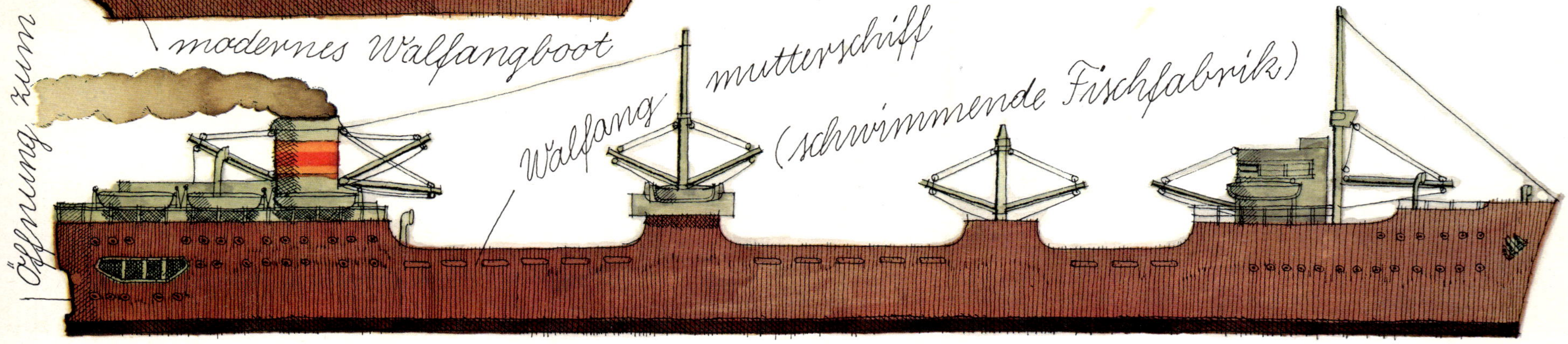

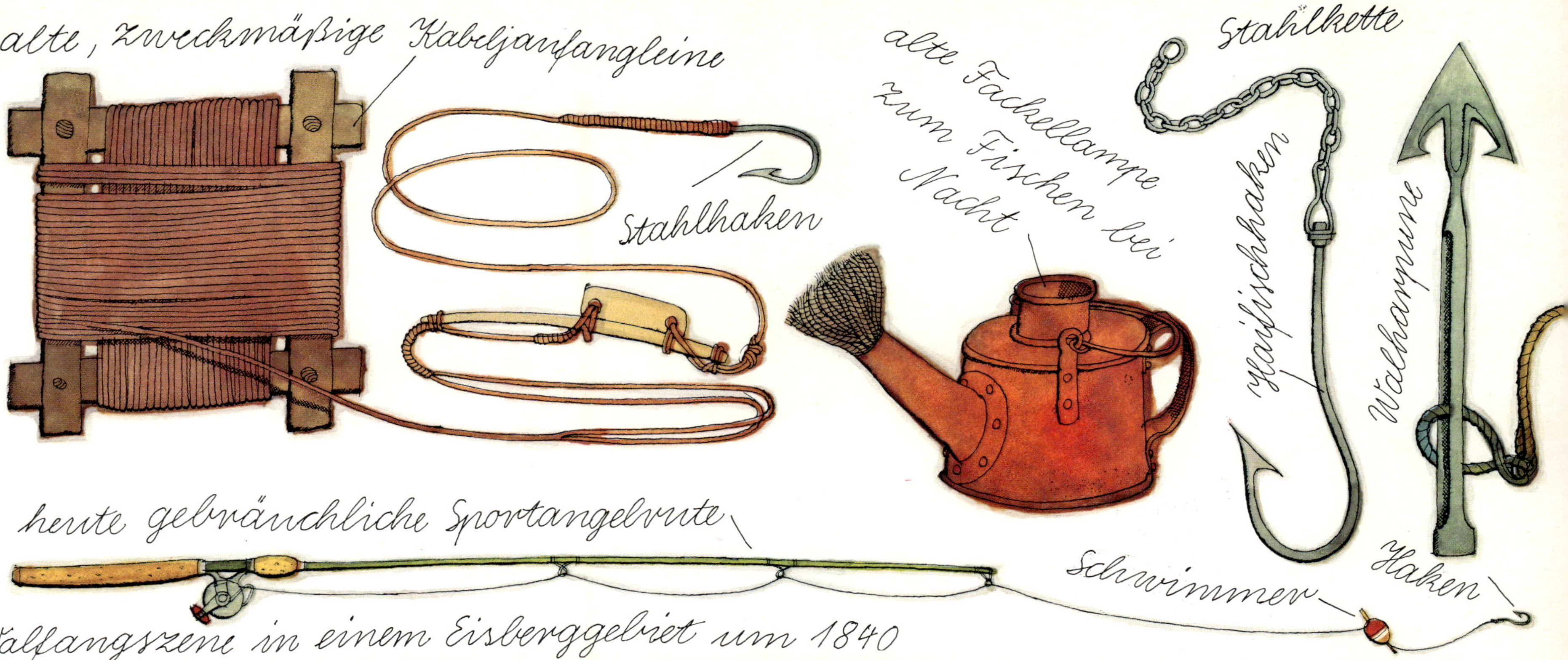

Walfangszene in einem Eisberggebiet um 1840

Der Russe Popoff erfand ein kreisrundes Kriegsschiff.

Dies war ein Versuch, große Wellentäler auszugleichen.

Dampfschiff mit beweglichem Rumpf

Dieses Trettaxi lud zur Fahrt auf romantischen Seen ein.

Der Fahrer war hinter einem hölzernen Schwan verborgen.

Diese Art von schwimmender Wohnung gibt es in großen Häfen und langsam fließenden Flüssen.

Man nennt sie Hausboote.

Das Schlauchboot ist wegen seines geringen Gewichts leicht zu transportieren und daher sehr beliebt beim Baden und für Rettungsaktionen.

Treibstoffbehälter

Moses in einem Binsenkörbchen treibend

Das Atlantikfloß war ein Versuch, aus den großen, waldreichen Gebieten Nordamerikas Holz nach Europa zu bringen. Unwetter und Stürme waren der übermächtige Feind dieser Idee.

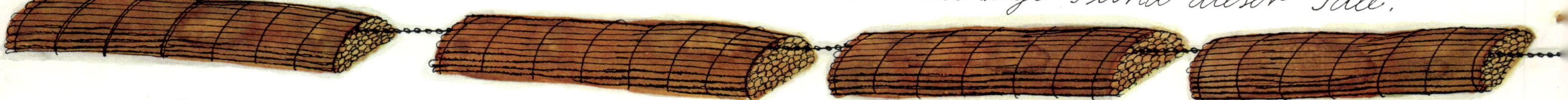

2 Schiffsrümpfe sind starr zu einem Boot verbunden.

Rennkatamaran

Trapez

Die Kunst, durch einen engen Flaschenhals ganze Segelschiffe, Gebirge und Dörfer in eine Buddel zu bringen, ist bei alten Seeleuten und Lotsen verbreitet.

Buddelschiff

Um dem sinnlosen Wettprunken der Reichen ein Ende zu machen, verbot ein Doge Gold und Farbe an den Gondeln. Seit dieser Zeit sind alle venezianischen

Gondeln schwarz.

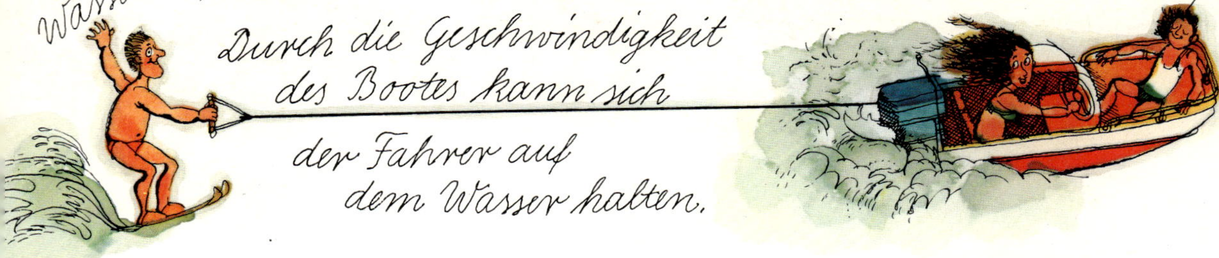

Durch die Geschwindigkeit des Bootes kann sich der Fahrer auf dem Wasser halten.

Wellenreiten erfordert großes Geschick und Körperbeherrschung.

Dieses Rennboot nennt man einen Vierer ohne (Steuermann).

Der Deutsche Dr. Lindemann überquerte sitzend in einem zerlegbaren Faltboot den Atlantik.

Das Passagierschiff „Bremen" ließ auf halbem Weg von Europa nach Amerika von einem Katapult aus ein Flugzeug starten. Auf diese Weise kam die Post zwei Tage früher nach New York.

Die Klipper waren ausgesprochene Schnellsegler. Bekannt wurden sie durch ihre unglaublich kurzen Fahrtzeiten über den Atlantik. Sie brachten zum Beispiel Goldsucher aus Europa zu den Goldfeldern Kaliforniens.

Berühmt wurden die Wettfahrten der sogenannten Teeklipper, die Tee aus China brachten.

Dieses Luftkissenfahrzeug kann über Wasser, aber auch über Beton und Sandboden fahren.

Es gleitet knapp über der Oberfläche dahin.

Dingi

Mit diesem Windmühlen-System von W. Bauer konnte man gegen den Wind segeln.

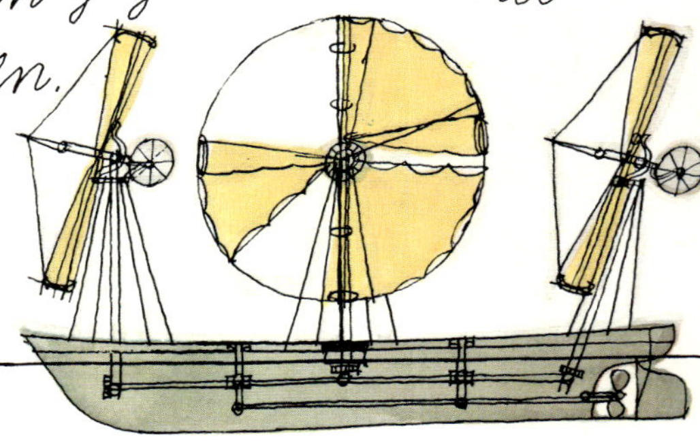

Feuerschiffe sind schwimmende Leuchttürme

Leuchttonne

Heulboje

Glockentonne

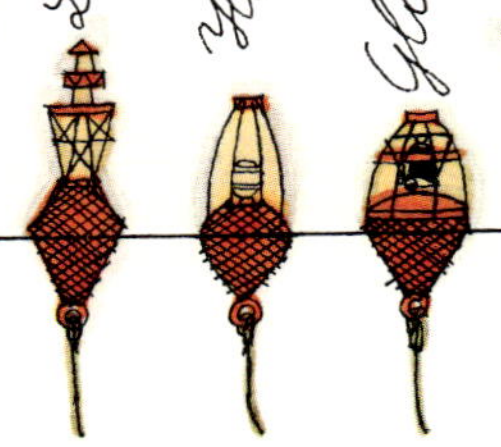

Dieser Eisbrecher schiebt sich auf das Eis, das unter seinem Gewicht zerbricht.

dicke schwere Stahlplatten

satter Urlauber mit Tretboot auf einem kleinen Badesee

Hochseefischer

Kapitän

alter Hase

Motorrennboot

Schutzhelm

Die Geschwindigkeit hebt das Boot fast ganz aus dem Wasser.

Die Breite beträgt 75 m.

Dieser Tankergigant kann 300 000 Tonnen Öl befördern.

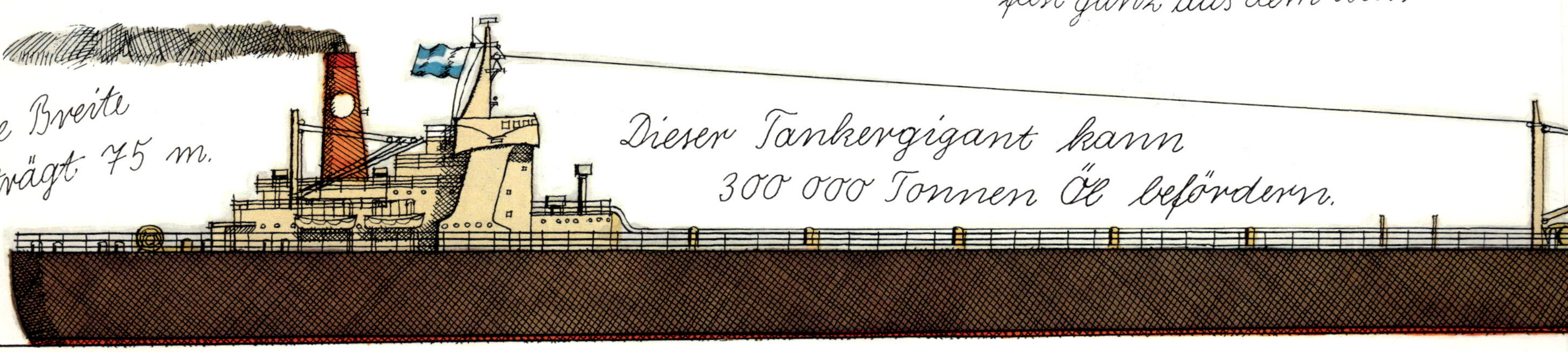

Die Motorleistung der zwei Dampfturbinen beträgt 37 400 PS. Die Mann

Containerschiff

Ein Container ist ein Behälter von der Größe eines Eisenbahnwaggons. Er kann mit dem Lastauto, dem Zug

oder als selbstschwimmender Kahn auf Flüssen überallhin befördert werden.

Tragflügelboote heben sich aus dem Wasser und werden dadurch sehr schnell.

geringer Wasserwiderstand

Spezialschiffe

Diese Doppelseite zeigt eine begrenzte Auswahl ganz verschiedener Typen aus der großen Familie der Schiffe. Es gibt heute sicher Hunderte von Arten mit ganz unterschiedlichen Aufgaben. Das Bild der Schiffahrt ist bunt und oft verwirrend geworden.

mittelgroße Autofähre

Eimerbagger

Dient zum Ausbaggern von Wasserstraßen und Kanälen.

Tankschiffe sind heute die Riesen unter den Handelsschiffen. Die Länge mißt über 300 m.

chaft verrichtet ihren Dienst auf dem Vorschiff mit einem Fahrrad.

132 m lang, 4650 qm Segelfläche

Die „Preußen" war das größte jemals gebaute Segelschiff (Vollschiff).

Sie hatte einen aus Stahl gebauten Rumpf und sogar Masten aus Stahl.

Sie wurde 1902 gebaut.

Die „Mauretania" war eines der erfolgreichsten Passagierschiffe, das jemals die Ozeane kreuzte. Sie hielt über lange Jahre den Geschwindigkeitsrekord für Ozeandampfer.

Ihre Turbinen erreichten 70 000 PS.

Stapellauf 1906

Die „France" ist das letzte Exemplar aus der Epoche der schwimmenden Luxuspaläste. Sie befuhr die Atlantikroute und faßte mehr Gäste als das „Astoria"-Hotel in New York.

Sie fuhr 33 Knoten = ungefähr 61 km/h.

1962 erbaut, 1975 schon außer Dienst

1112 Mann Besatzung

Die schnellen und billigen Atlantikflüge in Großraumflugzeugen brachten das Ende der Ozeanriesen.